Lyrik für den Gebrauch

Gedichte und Balladen

Für TKW und JW in großer Dankbarkeit

Bibliografische Information der Deutschen Nationalbibliothek:
Die Deutsche Nationalbibliothek verzeichnet diese Publikation
in der Deutschen Nationalbibliografie; detaillierte bibliografische
Daten sind im Internet über dnb.dnb.de abrufbar.
Herausgeberin, Gestaltung & Autorin:
Edition Dorettes – Sabine-Simmin Rahe

https://die-dorettes.de
1. Auflage 2024

Verlag: BoD • Books on Demand GmbH, In de Tarpen 42,
22848 Norderstedt
Druck: Libri Plureos GmbH, Friedensallee 273, 22763 Hamburg
ISBN: 978-3-7597-3701-4

EDITION DORETTES

Lyrik für den Gebrauch

Gedichte und Balladen

(2014-2018)

Sabine-Simmin Rahe

Inhalt

Die Stadt am Honigstrom

Weiße Strahlen durchdringen den milchigen Dunst
Hier küßt die Muse und summt die Kunst
Frisches Märzlicht beleuchtet jeden Seelenwinkel
Erinnerungen stäuben sacht vom Himmel
Zarte, feine, kostbare Gespinste umhüllen mich
Schaue und schweige und rühre Dich nicht
März 2014

Mein liebes ich.

Ich denke.
Ich existiere.
Ich schenke.
Ich spaziere.
Ich sehe mir ins Angesicht.
Ich erkenne mich.
Ich tanze.
Ich weine.
Ich lache.
Ich stammele.
Ich erwache.
Ich freue mich.
Ich wüte.
Ich singe.
Ich spreche.
Ich träume.
Ich täusche mich.
Ich schweige.
Ich treibe.
Ja, ohne ich
liebte ich Dich nicht.
Und ohne ich gäb's auch unseren Bernstein nicht.

November 2017

Vertrauen

Es liegt ein Trost darin,
Wege tausendmal zu gehen.

Es liegt ein Trost darin,
uns altern zu sehen.

Kein Sirenengesang hat solchen Klang,
wie Dein ruhiger Atem,
wenn Du neben mir ruhst.

Es liegt ein Trost darin,
Wege tausendmal zu gehen.

Es liegt ein Trost darin,
mich altern zu sehen.

Es liegt ein Trost darin,
mich selbst zu verstehen.

Es liegt ein Trost darin,
unser Kind manchmal in den Arm zu nehmen.

Die Erde wird sich noch abermillionenmal um die Sonne
drehen.

Es bleibt der Trost,
Wege tausendmal zu gehen.
November 2017

Gebrauchslyrik | Lebenslauf

Wer, wie ich, zur Welt kommt,
meint im Zweifel, er sei doch verloren,
dabei vergisst er für den Augenblick,
dazu ist er ja nicht geboren.

So ging's auch mir, doch oft genug
hielt ich es auch für Glück.
Zu Recht wurde es mir einerlei,
dass dieses auch zu schmieden sei.

Ob Glück, ob Trauer, meist ist das nur
von kurzer Dauer,
so wie auch manche warmen Sommerschauer.
Wer meint dies sei ja Scheitern,
versteht nicht viel von Lebensleitern.

Wer meint das Leben selbst, das sei nicht viel,
versteht nicht viel vom Lebensziel.
In alle Richtungen gesucht habe ich
nach treuen Begleitern und wußte nicht,
die treuesten erinnern Dich an Dich als treuesten Begleiter.

So hangele ich mich nun im Leben fort
und hoffe, so auch ihr und weiss gewiss
an keinem Ort bin ich lieber, als hier mit
mir und Dir,
wer Du auch immer seist, der liest mein Wort,
betrübt oder heiter, verwirrt, geklärt,
verliebt und so weiter.
Dezember 2017

Immanuel Kant

Der Philosoph Immanuel Kant
ist wohl bekannt in Stadt und Land.
Nicht minder meinen Land und Stadt,
sie wüßten, was der alte Mann uns heute
noch zu sagen hat –
Vernunftgebrauch sei unsere Pflicht.
Du sagst: „Das ist nicht viel."
Doch ist's viel mehr als läppisches Gedankenspiel.
Vernunft, sagt er, ist kein Kalkül
zum Zweck eines einzelnen praktischen Ziels.
Er weist den Weg zu dem Prinzip,
das jeder Handlung erst wahre Form
und menschliche Schönheit gibt.
Nicht an dem Ziel allein bestimmst Du
wohl, was als gute Handlung Dir gelingen soll.
– Ins Zentrum stellst Du Dich und jedes andere Subjekt
als Ziel, Mittel und zugleich Zweck zur Prüfung Deiner
Handlungsweise.
So sprach er und das war sehr weise.
Er wies den Weg aus dem Gedankenkreise.
Du kratzt am Kopf Dich und meinst noch:
„Damit ging der Salat erst wirklich los, das weiss man doch."
Erkenntnis sei doch subjektiv
und diese Einsicht primitiv.
Doch scheint nur schlicht,
was doch sagt, was allen dann doch sehr behagt
– wir sind Subjekt und im Verkehr mit anderen Subjekten
mehr.

Von Dir und mir und allen anderen spricht,
wozu das praktische Gesetz uns Pflicht.
Was Kant hier sagt, sagst Du mit Hegel, das sei doch leer.
Ich frage mich: „Ist das so schwer?
Das ist der Sinn, wie kriegst Du denn sonst Zukunft hin?"
Was Kant da sieht und anerkennt, gilt doch für immer
und in Ewigkeit und sagt mit Worten: „Du bist längst bereit."
Am Anfang geht's noch zögerlich,
doch jeder Schritt ermutigt Dich.
So hoff' ich sehr und bin in Ruh,
Du lächelst mir von morgen zu.
angeregt von Christian Morgensterns Gedicht „Der Fahrrad-
künstler Sausebrand"
Dezember 2017

Das Positive

Zur notwendigen Predictio
macht den Menschen Ritual, Zeremonie und Stereotypie
sehr froh.
Genau auch darum fällt seine Wahl,
auf Zeichen und auf Kopf und Zahl.
Es gibt ihm Sicherheit und Raum für Fantasie.
Daraus hofft der Mensch auf Zukunft hin,
woraus gerät die Gegenwart sehr leicht aus seinem Sinn.
Allein auf Zukünftiges hoffen, glaube mir,
führt zu besoffnem Kopf im Jetzt-und-hier.
Drum hoff nicht allein auf Predictio,
mach' hier Dich Mensch jetzt auch schon froh.
Und siehst Du in ein Menschengesicht,
erkenn' darin sein eigenes Licht.
Doch ebenso versprich mir bitte auch ganz fest,
dass Du Dein eigenes nicht dabei verläßt.
Dezember 2017

Die Aufklärung

Die Aufklärung hat es sehr schwer
schon seit der Antike und noch mehr.
Schon Sokrates hat formuliert, dass zuerst fragt Philosophie
nach der Erkenntnistheorie.
So sprach er aus: „Ich weiß, dass ich nicht weiss."
Was dann – als Programm –
seiner Lehre zugrunde lag.
Hier knüpfte auch Aristoteles an,
damit Wissenschaft gelingen kann.
Erst René Descartes hat dann der Allgemeinheit aufgefaltet,
was der Mann schon wußte und was nicht veraltet,
dass das Subjekt zur Welt sich immer positivistisch verhält,
und dies zu Recht, hat er uns allen verständlich erhellt.
Wer diese Intension verkennt
hat die Pointe drin verpennt.
Diese Erkenntnis gibt dem Subjekt
den Antrieb erst sich zu erklären,
was es wissen kann und dann
mit anderen Subjekten gleicher Art
zu erweitern, was ihm als Objekt zu gelten hat.
Immanuel Kant machte dann explizit,
was zum Verkehr zwischen Subjekten – selbstbestimmt – zu
sagen verblieb.

Die absolute Wahrheit gibt es nicht?
Wohl wahr, doch zur Erkenntnis braucht
der Mensch sie ja auch nicht.
Dezember 2017

Bestimmung

Fragt Dich ein Mensch nach „irgendwo“,
erkenne, dass er, so wie Du,
nach Bestimmung sucht.
Drum antworte ihm nicht: „Überall.“
Denn das klingt auch wie: „Nirgendwo.“
Gib den Moment ihm in unserem All,
wenn Du's vermagst,
bevor Du zu schnell zur eignen Bestimmung weiterjagst.
Dezember 2017

Philo-sophie

Um Dummheit geht es doch nie
in der Philo-sophie,
obwohl – schon bei Platon steht,
was Sokrates als Diotimas Gedanken vorträgt
und dieses sei, dass alles (liebevolle) Streben
sehr vom Mangel würde leben.
Von dieser Überlegung spricht Platon
im Symposion.
So ist wohl wahr, dass die, die nicht zufrieden,
viel heftiger und häufiger sich verlieben.
Sie vermuten ja anderswo Überfluß
und wirklich scheint's – das ist kein Stuß.
So ist des Strebens Hintergrund
der Mangel und
was daraus folgt
führt trotzdem meist nicht zum Erfolg.
Wenn's auch nicht ganz folgenlos
– ich mein ja bloß.
Dezember 2017

An das junge Gemüse

Sprich laut und deutlich.
Ungeschminkt, mit ungekünsteltem Gesicht.
Wirf Dich nicht in Pose,
das brauchst Du für die Wahrheit nicht
und ehrlich gesagt: Theatralik steht Dir nicht.
Lache laut und dreckig
und lange kräftig zu
und wenn Du Bock auf Stolz hast –
na, dann – nur zu.
Zu guter Letzt ist auch noch wichtig:
Hoff nicht auf Welten Lohn,
Du hast nur dies eine Leben,
nun nimm es schon.
Wenn Dich jemand fragt:
Woher kommst Du?
Sag: „Aus meiner Mutter."
Und wenn Dir jemand dumm kommt,
weißt Du: „Wir sind doch nicht aus Zucker."
Januar 2018

Mich selbst nicht mehr verlassen

Einst hielt ich für wahr,
wir seien ein wunderbares, unübertroffenes Paar.
Heute hast Du Deine Gunst erneut, aber an ein anderes
krummes Holz verschenkt.
Mein Herz hingegen ist in seinem Stolz gekränkt.
Ich habe zwar jetzt verstanden, dass – wo ich eine glänzende
Brücke erblickte,
ein dunkler Abgrund die Wirklichkeit bildete,
doch ganz erfassen kann ich das nicht.
Ich wende mich um und sehe – ein Leben voller Leere,
geplatzte Seifenblasen und wenig das geblieben wäre.
Wir waren Gefangene in einem inszenierten Spiel
bei dem die größte Sorge war, dass niemand aus der Rolle fiel.
Wir stampften an den Rändern unserer Gefängnisse auf und
ab
bis das Ganze nicht einmal mehr diesen Sinn ergab.
Und doch – ich bin froh,
dass Du mich mir zurückgegeben hast,
auch wenn sich die Freiheit noch unvertraut anfühlen mag.
Denn endlich habe ich den Menschen gefunden,
der mich ganz kennenlernen will.
Der mich nicht gefangen hält in einem verzweifelten Spiel.
Ich sehe jetzt – es gibt einen Menschen auf diesem Planeten,
der mir tatsächlich diese Freundschaft schenkt und diesem
treu sein, damit ist nichts verdrängt.

Diesem Menschen will ich treu sein – im Guten, wie im
Schlechten
und auf keinen Atemzug mit ihm verzichten,
denn ohne ihn kann und konnte ich in meinem Leben nie
etwas verrichten.
Mal setzt sich diese Person auf einen Tron,
mal stolpert sie irritiert, mal stapft sie mutig,
mal heult sie vor Wut, mal zerrt sie mich in Abenteuer.
Von ihr allein wünsch ich mir nun
manchmal gemeinsam auszuruhn.
Mich selbst nicht mehr verlassen,
das möchte ich gerne schaffen.
Januar 2018

Es war nur Stroh

Verratene Liebe schlug mir die schlimmsten Wunden.
In dunklen Nächten habe ich keinen Schlaf gefunden.
Das Weiterleben habe ich mir daraufhin sehr trotzig
und auch bitter abgerungen.
Die Leichtfertigkeit mit der der Schwur gelöscht
und die von Jahrzehnten so überhaupt nichts übrig läßt,
hat mich befremdet und entsetzt.
Und dann, weil es ganz ohne einen Abschied oder Übergang
geschah,
in sprachlose Verstörung und betäubenden Schock versetzt.

Nur eins weiß ich nun, zum Glück,
es führt kein Weg zu uns zurück.

Es war kein Kampf, der zu gewinnen war,
nur Dürftigkeit und Blöße – so lag die Wahrheit unvermittelt da
und nirgends ein Zipfel, der sie schamhaft zu bedecken in der
Lage war.

Das Gefäß, in dem das Kostbarste bis dahin sicher geborgen
schien,
liegt in unendlich vielen Splittern auf unserem Weg und jene
Kostbarkeit verging
und alle Sehnsucht ging ebenso mit ihm dahin.

Ein steter, kühler Wind zerrt auch die Reste fort.
Die Welt wurde mir danach ein heimatloser, unwirtlicher Ort.
Und wenn das Klagelied verhallt ist,
bleibt sie erstarrt von Frost und Kälte,
selbst wenn der warme Glanz der Sonne sie je wieder strahlend
schön erhellte.

Die verheissungsvolle Glut, die auf dem falschen Schein des Trugs
beruht,
ist ganz verloschen.

Nun bleibt von uns selbst das nicht mehr,
nicht mal ein letzter Funken Hoffen.

Es war nur Stroh.
Und leer.
Es ist gedroschen.
März 2018

Dabei

Für A. und S.
Gestern hingen über mir schwere, düstere Wolken – bleiern grau,
heute morgen strahlte der Himmel sonnig und in Frühlingsblau.
Gestern wurde ich von dunkler Angst geplagt,
heute habe ich sie ganz sanft verjagt.
Ich weiss doch nicht was morgen ist,
ob vielleicht jemand ein Herz für mich in eine Borke ritzt.
Ob ich mich wiederfind, – vielleicht als Paar,
und jemand zärtlich streicht das Weiss aus meinem Haar?
Ob es vielleicht der laue Sommerwind ist?
Oder der Duft unseres Flieders?
– Was es tatsächlich sein wird, das mir das Leben lebenswert erhält
und fortwischt, was es jetzt von Zeit zu Zeit sehr bitter mir ver-
gällt?
Ich will nicht Tapferkeit beschwören,
vielleicht wird kein Mensch je wieder zarte Worte von mir hören.
Was es auch sei,
ich bin zwar zögerlich, aber – trotz alledem – dabei.
März 2018

März

Filigrane, gelbe Kräne stechen in des Großstadts
zugezogenen Himmels Grau.
Eine S-Bahn rauscht mit Glockenklängen
in einiger Entfernung rechts an mir vorbei.

Meine Tritte tappen gleichmäßig schlappend auf dem Pfad
aus dunkelfeuchtem Asphalt.

Mir selber zum Vergnügen strenge ich mich nun mehr an.
Ich gebe mir Mühe, erhöhe meine Spannung
und horche noch etwas genauer hin.
Tatsächlich – jetzt höre ich, sehr leise,
das Gurren einer Ringeltaube von etwas weiter her herüber-
klingen.
Da erinnere ich mich und ich lächle, weil mir einfällt,
dass Du sie nicht leiden kannst.
Ich sehe noch Deine Wut und Erbitterung vor mir,
die Du jedesmal angewidert hochwürgst,
sobald eine Dir zur Last fällt
– mit ihrem einschmeichelnden, gurrenden Gesang.
März 2018

Rhythm and Rhyme

Inzwischen folge ich der – manchmal hingeworfenen –
Aufforderung und mache mir,
wenn ich nicht weiter weiss,
selbst Verse und Reime drauf.

In einem von vier Fällen,
also bei weitem nicht allen,
hilft das vor allem,
das Mütchen zu kühlen,
und – das werde ich sehen –
vielleicht langfristig auch.
März 2018

Kassel

Ich weiss nicht, ob ich je mit Dir besprach,
wie ich mich als Studentin in wilder Fahrt
vor etwa drei Jahrzehnten
in Kassel auf dem Weg am Weinberg
auf meinem alten Rad
den Hang zur Au hin
vollkommen ungebremst
herabgestürzt hab?

Ich habe damals wie heute noch nicht verstanden,
was mir denn dazu wohl Einfall und Anlaß gab.

Sicher wollte ich spüren,
was es bedeutet
und ob ich damit klarkomm,
und ob es lohnt, was zu riskieren,
wie es sich anfühlt, wenn ich so stark beschleunigt und
ungeschützt den Abhang herunterras.

Außerdem ist mir das Bremsen
eher gefährlich, bei dem Tempo
und dem Schub, erschienen.

So liess ich's einfach laufen
und konzentrierte mich auf die Lenkung
und meine Körperspannung,
denn unten war ja Platz genug
zum Ausrollen.

Ich sauste schneller als die Autos
und der Fahrtwind wehte mir die Haare
aus meinem Gesicht.
Ich spürte nur am Anfang
– bevor ich wirklich losschoß –
ein ganz klein wenig Furcht.
Trotzdem gelangte ich in Sekunden
zu jenem, mir noch heute so präsenten,
waghalsigen Entschluß.
Dann hatte ich genug damit zu tun
alles zusammenzuhalten.
Ich meine, dass ich die so freigesetzten, schauerlichen Kräfte
freudig, staunend, mit gepressten Lippen,
dahinfliegend genoß.

Und von jetzt aus denk' ich sebstverständlich,
ich stand damals vermutlich unter einem guten Stern,
denn tatsächlich ging dann – ganz unerwartbar –
glücklicherweise alles gut.

Ich erinnere mich an diese Schußfahrt zu meiner Verwunde-
rung und sehr gern.
Das alte Fahrrad hat weniger, als man vermuten kann, gerap-
pelt und geklappert.
– Und dagegen ich, die keinen Laut von sich gab.

Ich weiss allerdings auch heute nicht,
war es einfach dumm oder hatte ich Mut?
Na, wenn ich richtig nachspür,
dann weiß ich's doch:
Mich trieb wohl Ungeduld und Neugier.
Es drängte mich – so ist's gewesen –
überbordende Sehnsucht
nach Abenteuer und lebendigen Leben
in meinem Alltagshier.

Und sag' mal, ich möchte Dich gerne fragen:
Hat's bei Dir sowas auch gegeben?
Stehen ebensolche Sachen,
wie hier beschrieben,
in der Erinnerung vor Dir?
März 2018

Grüner Donnerstag

An der Kreuzung steht ein Auto.
Das Fiepen der gehaltenen Bremse tönt schrillend in meinem Ohr.
Auf der anderen Seite kram ich tastend meinen Schlüssel
aus der Tiefe meiner Hosentasche vor.

Unter dem Baugerüst, einige Häuser weiter,
treten fünf Männer aus dem Haus.
Zögernd und prüfend, wer von uns ausweicht,
nehme ich drosselnd Tempo aus meinen
vorwärtsstrebenden Schritten heraus.
Nun, etwas langsamer, gehe ich weiter
und höre mir ihre untereinander ausgetauschten,
scherzenden Abschiedsformeln an
– mir erscheinen sie munter und heiter.
Sie necken einander und wirken erleichtert,
freuen sich auf's Wochenende
und den Urlaub, der schliesst schon morgen
an diesen grünen Donnerstag sich an.

Ich passier sie mit einem großen Schritt,
um dem Unrat unter mir zu überbrücken,
dann schlägt die Haustür hinter mir zu.
Durch ihre geriffelten Glasfenster fällt nur spärlich Licht.
Daran muß ich meine Augen kurz gewöhnen
bevor ich mich vorwag – geradezu.

So klettere ich, fast im Dunklen, die alten Stiegen
in den ersten Stock hinauf
und schliess die Tür zu der mir so wohlvertrauten,
wenngleich gerade winterlich verstaubten,
zur Hälfte südausgerichteten Wohnung auf.

Zuweilen erscheint sie mir finster
als ein einziges und elendes Verlies.
Jedesmal, nach kurzer Dauer, wieder graue Schleier
auf den gerade geputzten Scheiben
und draussen laut rumpelnd und
– bis in vorgerückte Stunde anhaltend –
stetig geschäftiger Betrieb.

An sonnigeren und ruhigeren Tagen
verschafft sie mir hingegen
Geborgenheit und ein diesseitiges Paradies.
Dann hab ich sofort vergessen,
was mich an ihr, an schlechten Tagen,
so sehr ärgert und verdriesst.
Dann reiss ich mich sowieso leicht zusammen
und weiss zu schätzen, was mir von uns verblieb.

Ja, Du sollst über mich nicht sagen,
dass ich – wie immer – viel zu viel verlange,
völlig verwöhnt und elend undankbar bin
– so ein altes, dauernd heulend, jaulend
und sich selbst bejammernd,
schrecklich scheußlich maulendes,
sackermentverlassenes Biest.
März 2018

Festtag

Wie Meereswellen schlägt die Festtagsstille
über mir zusammen,
worauf mich um so mehr plagt
– mein sehnsüchtiges Verlangen
nach Deinem Alabasterfuß.

Vor meinem schlierigen Fenster Flockentreiben.
Sie können heute nicht schweben
und so in mein jetziges Leben
herbeigesehnte Verzauberung einweben.
– Ein frischer Wind bläst sie horizontal voran.

Ich schlürfe heissen Tee und
bät Dich ja gerne, mir zu verzeihen,
doch mehr als endlose Reihen Lamenti
in Form unaufsagbarer Gedichte
gelingen mir nicht.

Daher laß ich's bleiben, denn ich weiss,
ich verrichte nichts Produktives damit.
Du hast selbst selten viel gesprochen,
warst öfter mürrisch, knurrig und verdrossen.

Ich denk' jetzt, es ist besser,
dieses Bild zu vermeiden
und laß mich noch eine Weile
in andere Erinnerungen gleiten,
worin ich an unsere mäandernden Wege denke,
auf die wir einander Jahr um Jahr lenkten.

Irgendwann, da bin mir sicher,
werde auch ich im Leben fortschreiten.
Seiesdrum, dass ich – oder weil ich –
mir unsere Zeit verkläre
und innerlich zurückdränge,
die abgründige Schwere,
die uns zuweilen im Alltag umgab.

Auf diese Weise aber, hoffe ich heimlich,
dass mir es mir tatsächlich gelänge,
ich gelangte gedanklich nie an das mir,
zwar immer noch unvorstellbare,
aber längst wirklich gewordene,
und offensichtlich unabwendbare,
Ende.
März 2018

Zweieurofünfzig

Meinst Du, Du kannst mir
bis zum nächsten Mal, sagen wir übermorgen,
Zweieurofünfzig für eine Tasse Tee oder Kaffee borgen?
Glaub' mir, es ist mir schon etwas unangenehm.
Mich drücken seit längerer Zeit
existenzielle Last und dunkle Sorgen krum.
Selbst das Treppensteigen ist mir häufig schwer.
Es wäre mir natürlich sehr viel lieber, wenn ich Euch und
der Welt nicht zusätzlich noch Belastung wär.
Ich stell nur fest, es ist mir nichts Dauerndes geglückt.
Selbstverständlich erhältst Du baldmöglichst, wenn wir uns
wiedertreffen,
jeden Cent zurück.
März 2018

Schonen

Ich stelle mir vor, wir wären in
unserem rotgemalten Haus.
Wir stellten beim kleinsten Fitzel Sonne
unsere kippbaren Liegestühle raus
und hätten weiter nichts zu tun
als uns – in Decken gewickelt –
ganz tüchtig auzuruhen.

Wenn's küstenwetterfeucht tröpfelte,
blickten wir von innenwärts zum Fenster raus
– auf die grossen, glitzernd schimmernden, menschenalten Duft-
kiefern
vor uns – geradeaus.
Wir sähen, wie die Eichhörnchen und Kleiber
an ihnen flink hinauf- und wieder herabklettern
und schauten sehr versonnen
auf die an ihren Nadelspitzen
hängenden Tropfen.

Du bliesest sanft Deinen warmen Atem
in mein rechtes Ohr hinein.
Ich lächelte und es käme mir entgegen,
wenn wir innig umschlungen beieinander lägen.

Ausgerechnet mittags
– im schönsten Nichtstun – schmisse dann
unser greiser Nachbar Kalle
seine Häckselmaschine an.
Das entlockte uns ein genervtes Schnauben
und wir verdrehten dann unsere Augen
himmelwärts.

Es wäre sehr schön mit Dir dazusitzen
mitten im schonischen, ununterbrochen
auf's Blechdach klopfenden, Regen
in jenem hölzernen Hüttchen,
derart umgeben,
vom vertrauten, horizontverstellenden Wald.
Dort wo in der Nacht in direkter Umgebung,
vom Mondlicht über den Tannen beschienen,
der Ruf unseres schüchternen Käuzchens widerhallt.
März 2018

Ostersonntag | 2018

Heute ist einer dieser trüben, regenfeuchten Tage
an denen die Passanten in den Strassen
an ihren Jacken und Mänteln
die Kapuzen und Kragen hochschlagen
und die Köpfe mit zusammengekniffenen Mienen
tief zwischen die Schultern einziehen.

Sie weichen im Zickzack, leicht vornübergebeugt,
mit Gigantenschritten den nassen Pfützen
auf den Gehwegplatten vor ihnen aus.

Da ich die häuslichen Stille nicht ertrag'
gehe ich trotz Kälte und Dämmerung
hinaus. Rüber, quer durch den tropfenden Park.

So entkomme ich dem Schleichen des Uhrzeigers
und zupfe ruckend ein Taschentuch
und – mit ihm – die trübsinnige Laune heraus.

In mir strömen Worte, Bilder und vielstimmige Melodien.
Sie verlaufen zu unaufhörlich hervorsprudelndem Gesang
aus Reimen und Versen und rhythmischem Klang.
Ich horche neugierig auf den inwendigen Strom,
mit dem aus der inneren Tiefe – sirrend, flirrend, klingelnd und
zitternd
hochquellen Ton um Ton
mit all dem Gewesenen als ständiger Inspiration.

Ein ungemütlicher Wind rupft an meinem
lose zusammengezwirbelten Haar.
Ich blicke im Gehen starr
vor mir auf den Boden
und zucke zurück als Kindergekreisch in meinen Ohren gellt.

Meist schrumpfe ich, soweit mir's gelingt,
die äußere, fremdgewordene Welt.
Mir genügt sie als ferneres Rauschen.

Lieber möchte ich, solange es geht,
ins verwaschene Innere eintauchen.
Sonst plagte mich auch die Angst,
ich könnte den Moment verpassen,
in dem mir lächelnd
Dein Dir eigener Duft,
Dein Riesenzinken
und Dein prägnantes Kinn einfällt.
März 2018

Feige

Von unserer hochsommerlichen Reise
brachten mein Kind und ich im vergangenen August
mit Fähre, Bahn und Fahrrad
einen Bornholmer Feigenbaum mit in mein Berliner Revier.

Um ihn geschützt zu überwintern,
stellte ich ihn in meiner Küche
zwischen die doppelten Scheiben
– er sollte kühl und hell stehen,
aber nur mäßig friern.

Tatsächlich hat er – schon Ende Februar
angefangen, Blätter und zwei winzig
kleine Scheinfrüchte auszutreiben.

Auf die Weise hat er bereits
im zeitigen Frühjahr damit begonnen,
dafür bin ich ihr sehr dankbar,
meinen Ausblick in den Hof
mit grünem Blattwerk zu verzieren.

Ich denke doch, ich will versuchen,
auch in kommenden Wintern,
im Verbund mit diesem besonderen Baum
durch alle Wetter zu spazieren.

Im Sommer darf er – in südliche Sonne
auf den Balkon vor die Tür.
Um ihn gegen Frost zu schützen,
hole ich ihn im Herbst dann herein zu mir.
April 2018

Am See

Auf dem Weg zum See bleibe ich stehen,
denn ich möchte die fliegenden, störrischen Strähnen
neu zusammenfassen und im Nacken zusammendrehen.
„Sehr schöne Haare.“, ruft ein Herr.
Da muß ich unerwartet lachen.
Schon ist er einen Schritt hinter mir.
Ich drehe mich in seine Richtung,
denn ich möchte gerne sehen,
wer sowas sagt.
Doch von ihm ist nur der Hinterkopf zu erkennen
und seine Wanderstöcke in beiden Händen.
So setze ich erheitert und leichter
den Weg zum See fort.
April 2018

Ich freu mich so

Ich freu mich so.
Es wird nur noch einige Tage frostig kalt
und schon sehr bald,
bei der besten Gelegenheit,
nehm' ich das Fährboot
und tucker – in die Sonne blinzelnd,
in zügiger Fahrt über den Wannsee
zum Anleger im Hafen von Kladow.

Von dort streif' ich, wie jeden April,
durch den würzig duftenden Wald.
Ich gehe durch den Forst entlang der Havel
hinüber zum brandenburgischen Sacrow.
Denn auf dem Weg dahin
unterm lichten Gehölz kraucht
in Maigrün vor mir am Boden
der Seltsame Lauch.

Ich zupfe dann reichlich
und hockend zu ihm herabgebückt
mit einem mitgebrachten Messer davon ab,
so dass ich zuhause genügend
für drei bis vier Gläser hab,
wenn ich mir schmackhaftes Pesto
daraus mach.

Zwar denke ich, zu meinem Verdruß,
vorher auch daran,
wie Du vor zwei Jahren
dort mit Deiner neuen Marie,
ein geflochtenes, lächerlich zierliches,
farbig gewirktes Körbchen
hängend am angewinkelten linken Arm
vor Deinem Bauch,
plötzlich und völlig unerwartet vor mir standst.

Mir ist nicht klar, was Dich bewog.
Aber ich vergebe Dir nie,
dass Du den Ort
sofort an sie verraten hast.
Andererseits weiss ich auch,
was auch Dir denn dazu Anlaß gab,
Du erinnerst Dich bestimmt immer an mich
mitten im persischen Wunder-Lauch.

Ihr zwei könnt tun, was ihr wollt,
wenn Du dasselbe machst,
wie in jedem Jahr an diesem Ort,
auch wenn Dich zunächst andere Absichten lenken,
Du wirst dort an mich denken
und wenn Du Dein feinwürziges Pesto
mit leicht bitterer Note aus Berliner Bärlauch
später auf Deinen Löffel häufst
– dann mit Sicherheit auch.
April 2018

Der Brief

Ich saß eines Mittags im frühen September
auf harten, von der Brandung rundgeschliffenen Steinbrocken
am Fuß einer steil aufragendenden, schroffen Felsklippe
nahe dem Meer an der Küste Bornholms und schrieb
einen aufgeregten, verwirrten und naiven Brief
an meinen – mir fast unbekannten – Vater.

Ich war zu jener Zeit von Sorgen und Ängsten bedrückt
und habe wohl ein letztes Mal,
aber, wie ich heute weiss – vergeblich, gehofft,
dass er vielleicht doch
auf diese Weise – für einen Moment –
aus seiner– für mich unerreichbaren – Ferne
etwas näher zu mir heranrückt.

Ich habe den Brief am darauffolgenden Tag
am Hafen von Rønne
in den Postkasten gesteckt.

Es sind inzwischen seither ein paar Jahre ins Land gegangen.
Selbstredend – und auch mir vollkommen verständlich – sandte
er mir auf das wirre Schreiben nie eine Zeile zurück.

Vermutlich sollte es mir peinlich sein.
Doch wenn ich daran denke, erinnere ich mich gern.

Mich vergnügte, als ich so schreibend
in der Mittagssonne an der felsgerahmten Küste brütete,
die Härte der gerundeten Steine auf denen ich saß
und die leichte Brise, die mir über das Gesicht,
die Schultern, den Hals und den Nacken strich
und welche, ein wenig die Schläfen kitzelnd,
mit meinen vorzeitig weissgeblichenen Locken spielte.
Auch das heimelige Glucksen des plätschernd leckenden
Meeressaums vor meinen Füssen freute mich.

Die Klippe reckte sich hoch neben mir
in das leicht vom Dunst getrübte Blau
des Himmels hinauf.
Die – von der Reflexion auf dem Wasser verstärkte –
Spätsommerwärme zwackte mich brennend auf der Haut.
Schweisströpfchen perlten auf meiner Stirn und salziger Duft
von Tang strömte in der Hitze der mittäglichen Inselluft.

Damals war mir das tägliche Schweigen noch unvertraut
und so habe ich in jener Spätsommerwoche
– zum Ende August und Beginn des Septembers,
die gerade mal zwei, drei Worte, die ich während meines Aufent-
halts
mit dem Campingwart sprach, sehr genossen.
Doch auch und wegen dieser lebendigen und deutlichen Erinne-
rung,
habe ich die Reise auf's glänzende und in satten Farben leuch-
tende,
zeitweilig stürmisch umtoste, in die Weite der skandinavischen

Ostsee
entrückte Bornholm,
wie aufgelesenes, geheimnisvoll verlockendes Strandgut
und die kostbare Preziose, die sie mir seither war,
gut verwahrt und unauslöschlich,
in mir mitgenommen.
April 201

Andere haben es gut

Andere haben es gut,
die haben nicht nur Griessbrei und Pudding im Blut.
Die schlagen mit ingrimmiger Wut
ihre Zähne in die vollkornene Wurststulle.
Mir aber wackeln immer gleich die Knie.
Ich füge heimlich Reihen von Reimen in Verse ein
und diese dichten sich für mich dann
nur auf sowas wie „warmlichterner Kerzenschein".

Ich wünsche mir darum – bisher leider vergeblich,
auch ich hätte den Mut
zu solcher unverblümten, lustvollen, herzhaften Wut
und wäre nicht so eine geklöppelte, krümelpickende Primel.

Ich schleuderte die Worte ins Publikum
und sagte sehr deutlich und klar:
„Sehr geehrte Herren und Damen,
bitte nehmen Sie zur Kenntnis – ein für alle Mal,
mein erster Vorname lautet nicht „Ute" oder „Ruth",
ich heisse, so leid es mir auch für Sie tut, „Sabine"."
April 2018

Österlen

Am Horizont – vor der Küste –
ein schmaler Streifen
dunkelblauen Meeres.

Geschwungen durchzieht der schwarze Asphalt
der kurvengewundenen, schmalen Straße
die sanften Hügel vor und
und den duftenden Wald hinter uns.

Linkerhand leuchtet ein Rapsfeld sattgelb.
Ein betagter Hof duckt sich davor in das Bild.
Zwischen ihm und uns –
samtgrüne Weiden – lose mit Draht an
hüfthohen, verwitterten, gespaltenen Stämmen,
krumm in der Erde steckend, umgrenzt.

Der weite Himmel wölbt sich strahlend
und hoch darüber.
Eine handvoll Rotmilane, die schwebend in ihm aufsteigen.
Sie rufen einander pfeifend.
Wir betrachten, die Köpfe im Nacken,
wie sie in der Höhe über der Landschaft kreisen.

Hier können wir – angefüllt mit dem schnellen Wechsel
von Helligkeit und Schatten, die Wolken im Vorbeigleiten
werfen, – zärtlich und innig miteinander schweigen.

In dieser Gegend umfangen wir alles wortlos.
Wir lassen die Fragen im Lichtstrom forttreiben,
als seien sie tanzende Staubkörnchen.
April 2018

Nacht und Tag

Nachts, wenn ich träume,
bist Du noch da.
Dann sprechen wir über all das,
was noch zu sagen war.

Es steht dann nichts
zwischen Dir und mir,
ganz so wie einst –
nicht mal eins Deiner
dünnen Blättchen Zigarettenpapier.

Am Morgen darauf verfasse ich Zeilen
aus holprigen, aber liebevollen und zärtlichen Reimen.
Ich blicke suchend in das frühe Licht vorm Fenster
und möchte meine Gefühle leise und sachte betrachten,
sie zugleich ergreifen und in einem leisen Strom
aus Tränen wegfliessen lassen.
April 2018

Der Flieder

In diesem Jahr ist in knappen zwei Wochen
vor meinem Fenster der Frühling ausgebrochen.
Die Vegetation ist explodiert
und auch am Flieder sind in diesen wenigen Tagen
erste Blüten aufgebrochen.

Dieser violette Flieder ist in den vergangenen Jahren
ein ansehnlicher und verzweigter Busch geworden.
Er wächst heran,
Stück für Stück,
und blüht.

Er wird mit seinem Duft und seiner Schönheit
im Frühjahr die Welt noch berühren
– Augen, Herz und Nase der Passanten betören,
wenn wir hier
nicht mal mehr Erinnerung sein werden.
April 2018

Ein altes Paar

Schon sehr lang
blicken wir einander
nicht mehr direkt an.
Vielleicht wollen wir nicht sehen,
wie die Zeiten über uns hinwegziehen.

Lieber wollen wir der Zeit selbst
beim Vergehen zusehen,
darum bleiben wir – ohne einander anzusehen –
an ihren Rändern stehen.

Dort träumen wir, sie würde uns auf diese Weise
in die Unvergänglichkeit aufnehmen
und die gelebten Momente würden sich so
ins Unendliche ausdehnen.

Wir schmelzen mit diesem Zauber
Gewesenes, Werdendes und Jetzt zusammen
und sind gemeinsam,
zwar unsichtbar,
aber doch in unserem Bild eingefangen
– einander unauslöschlich nah,
während wir, derart scheu nebeneinander stehend,
in seine, von uns in dieser Form beschworene,
Gesamtheit hineinsehen.

Wir hoffen – sehr behutsam,
wir sind dann ganz
von dem Gespinst
der Ewigkeit umfangen.
April 2018

Für Dich

Zwischen Dusel und Dussel
liegt häufig nur ein Fussel.
Wir können ihn nicht überqueren,
und auf die andere Seite gelangt,
dann auch noch laut beschweren.
Mai 2018

Zwischen alten Blättern.

Zwischen alten Blättern sammelt sich Staub.
Mit ihm hebe ich die Vergangenheit auf.
Ich male in seine Kruste und sehe darin,
eine ungeformte Figur,
vielleicht ist es auch ein Bild
von mir oder von Dir
oder eine schiefe Locke.
Mai 2018

Da kiekste

Wir sind zweimal um den Globus gesegelt.
Haben uns in den Schatten geduckt und in der Sonne gerekelt.
Haben Knast geschoben und an Gewicht verhoben.
Wenn wir müde waren, haben wir uns Streichhölzer zwischen die
Lider geklemmt
und uns bei Sturm gegen Wind, Wetter und Regen gestemmt.
Wieder und wieder haben wir stolz und verbissen vor uns hingeflennt.
Das hat – ehrlich gesagt – unsere Wut auch nicht weggeschwemmt.
Die Tränenkruste haben wir voll Ungeduld mit der Hand fortgerieben.
Das sonntäglich schickliche Benehmen ist uns nur in der Liebe ge-
geben.
Mai 2018

Honigsüßer Maimond

Mein Freund, am Himmel wohnt der honigsüße Maimond.
Mit ihm grüße ich Dich und wünsche Dir Kerzenlicht,
wenn an Deinem Festtag, Deine Kinder und Kindeskinder innig
mit Dir lachen.
Du sahst gewiß vielen fauchenden Tigern ins Gesicht
und gehst mit uns gemeinsam – Seite an Seite.
Ich wünsche Dir und uns, dass Dich Dein guter Stern
noch zu einer grossen Zahl von weiteren, heiteren Maimonden
geleite.
Mai 2018

Wir waren frei

Wir waren so frei.
Unsere Herzen waren leicht.
Wir haben mit den Händen
an den Himmel gereicht.

Im Sturm ist ein düsterer Feuervogel
aus einer dunklen Erdspalte gekrochen.
Sein heißer, stinkender Atem
hat unser Strahlen, Mut und Vertrauen gebrochen.

Heute grüßen wir einander kaum mehr.
Es drückt mich die Last und lächeln fällt schwer.
Doch wenn ich für mich bin, wende ich mich zur Erinnerung um.
Dann weht der feine Sand von der Düne
und ich sehe in meiner Vorstellung hinauf in das Blau
und denke dann stumm,
wie wir es einst gestreift haben.
Mai 2018

Zwei glänzende, blauschwarze Raben

sitzen an einem Moorentwässerungsgraben.

Der Wind lupft an ihren Kragen ihr Prachtgefieder.

Sie krächzen verliebt Rabenliebeslieder.

Sie tanzen hüpfend von einem Bein auf's andere,

staksen stolzierend. Sie wippen auf und nieder.

Sie geben aufeinander acht

und blicken munter aus dunklen, blanken Augen darauf,

was der andere so macht.

Und wenn die Dunkelheit, der Mond und die Sterne aufziehen,

wünschen sie einander - jeden Abend wieder

- liebevoll kehlig kolkend: „Gute Nacht."

Mai 2018

weitere Bücher der EDITION DORETTES

Knallpfeifen – Die Anthologie 2024, ISBN 978-3-75977-865-9
Die Taugenichtsin – Erzählungen, ISBN 9783759723628, 05|24
Metabolie – Alltagslyrik II, ISBN 9783758329302, 02|24
Maloche – Die Anthologie 2023, ISBN 9783758304392, 11|23
Zwergenland – Lyrikanthologie, ISBN 9783756856077, 10|22
Fragmente – Prosa, ISBN 9783755733515, 02|22
Prolog – Lyrik, ISBN 9783755756330, 12|21
Nachwendezeit – Gedichte 2019 -2020 als eBook im Online-Shop der Dorettes unter https://dorettes.de.

Spenden an „Die Dorettes" zur Unterstützung der künstlerischen Arbeit und zur Unterstützung der Finanzierung der Produktionsmittel können über die Website über den Spendenbutton überwiesen werden oder per Überweisung an

Sabine Rahe
Verwendungszweck: Spende „Die Dorettes"
Berliner Sparkasse
IBAN: DE28100500000640233694
BIC: BELADEBEXXX

Herzlichen Dank an die Förder:innen.